L n 27. 1894 9.

DISCOURS FUNÈBRE

PRONONCÉ AU CIMETIÈRE DE L'EST, EN PRÉSENCE ET AU NOM DE LA SOCIÉTÉ GRAMMATICALE, SUR LA TOMBE DE L'ABBÉ SICARD, LE 11 MAI 1823, JOUR ANNIVERSAIRE DE SA MORT;

Par Maximilien LE ROY,

MEMBRE DES SOCIÉTÉS GRAMMATICALE, ROYALE ACADÉMIQUE DES SCIENCES, MÉDICO-PHILANTROPIQUE, etc.;

SUIVI

DES ADIEUX GESTICULÉS,

Par M. BERTHIER, SOURD-MUET DE NAISSANCE, *au nom de ses compagnons d'infortune.*

Les regrets suivent le cercueil
De l'honnète homme qui succombe :
L'humanité porte son deuil,
Et la palme croît sur sa tombe.

PARIS,

IMPRIMERIE DE L.-E. HERHAN, RUE SERVANDONI, N° 15.

1823.

ÉLOGE

DE L'ABBÉ SICARD.

——

Messieurs,

L'on ne peut visiter ce vaste champ de repos, depuis quelques années seulement couvert des cendres de plusieurs milliers de personnes, sans réfléchir sur la grandeur de l'Être suprême ! Hommes qui vous croyiez puissans, vous devant qui tout fléchissait; vous qui, dans votre courte apparition sur ce globe, faisiez mouvoir des générations entières, qu'êtes-vous, dans ce dernier asyle?.. Rien... à vos obsèques, on vous prodigua de stériles honneurs; dans le marbre qui couvre vos dépouilles on admire le talent de l'artiste et l'on vous oublie ! Nul ne vient répandre de pleurs sur votre tombe !.. Gloire au philophe qui consacra ses veilles au bonheur de ses semblables... Les regrets suivent son cercueil !... Il a vécu cet homme de bien !... Hélas ! l'abbé Sicard n'est plus ! tel fut le cri funèbre qui, l'année dernière, à pareille époque, se fit entendre de toutes parts, et retentit dans tous les cœurs! En effet, Messieurs, toutes les classes de la Société ressentirent vivement l'étendue de la perte qu'elle venait de faire. Le littérateur perdit dans cet homme vraiment Européen, non-seulement un émule, un modèle, mais encore un collègue aussi distingué par ses qualités sociales que par ses vastes connaissances; le grammairien perdit dans cet illustre savant un guide sûr et fidèle dans les routes tortueuses et parfois obscures de la métaphysique du langage; les indigens perdirent un bienfaiteur; mais ce fut surtout pour ces infortunés privés du sens de l'ouïe et de la faculté de la parole, que ce coup fut d'autant plus terrible qu'il leur ravit à la fois, leur ami, leur père, leur seconde Providence !

La société grammaticale, qui s'enorgueillissait de compter le célèbre Sicard parmi ses membres, ne pouvait rester étrangère à ce deuil général... Vous remplissez, Messieurs, un devoir bien pénible pour vos cœurs en venant déposer sur la tombe de cet académicien un juste tribut d'éloges; mais vous vous entretenez de lui, et cette considération adoucit l'amertume de vos regrets.

Avant de vous retracer les nombreux travaux de votre confrère, je dois vous parler de l'abbé de l'Epée : cette courte digression est essentiellement liée au sujet qui vous occupe.

Ce philantrope célèbre, qui consacra son existence au bonheur de l'humanité, avait observé que la nature n'est jamais marâtre; que si par fois dans ses écarts elle nous prive d'un sens, ce n'est point au détriment des autres, qui sont au contraire plus parfaits. Il avait remarqué que les sourds-muets sont généralement doués d'une imagination vive; il conçut et exécuta le noble projet de rendre à la société ces malheureux qu'un vice d'organisation semblait en exclure. Le succès couronna ses efforts ! A l'aide de signes heureusement combinés, ou plutôt d'un dictionnaire physique, il parvint à se faire promptement comprendre et à initier ses disciples dans la connaissance des langues, des arts, et même des sciences les plus abstraites. Il restait encore beaucoup à faire ! L'abbé Sicard, digne élève et successeur de ce respectable ecclésiastique, ne tarda pas à reculer les bornes posées par le génie de son devancier; il donna de nombreux développemens à sa méthode : ce ne fut point l'esprit d'innovation qui le fit sortir de la route frayée; chaque changement fut le fruit de nombreuses méditations. Sans cesse il étudiait la nature, la saisissait en quelque sorte sur le fait : chaque réflexion amenait une amélioration.

L'abbé de l'Epée, qui dut l'idée mère de la possibilité de l'instruction des sourds-muets aux essais du père Famin, membre de la doctrine chrétienne, de ce père qui, sans méthode, essayait de remplacer chez deux jeunes sœurs la parole et l'ouïe, et qui avait obtenu quelques succès, lorsque la mort vint le surprendre, l'abbé de l'Épée, dis-je, s'était contenté de traduire les choses par les signes, et ensuite les signes par les mots. N'appliquant son procédé qu'aux objets physiques, il avait adopté la méthode inverse pour les objets intellectuels, c'est à-dire que, désespérant de les faire concevoir à ses élèves par des signes, il leur avait fait connaître matériellement les mots qui les expriment, et les leur avait ensuite traduits par des signes convenus. Les résultats de ce mode surprirent généralement : on ne pouvait concevoir par quel artifice on voyait le maître, un volume à la main, faire des signes, et ses élèves, sous cette espèce de dictée, écrire couramment et sans fautes, des pages entières; mais ils ne faisaient que traduire des gestes qui ne disaient rien à leur imagination par des mots qui n'y parlaient pas davantage. Ce n'était qu'un véritable mécanisme.

Procédant toujours suivant la marche de l'entendement humain, l'abbé Sicard ne chargeait point la mémoire de ceux qu'il instruisait, de règles grammaticales toujours fastidieuses et souvent inintelligibles ; il sentait que cette métaphysique était déplacée, surtout lorsqu'il s'adressait à des êtres qui n'étaient parvenus à le comprendre que par artifice, et auxquels tout son art n'eût pu faire concevoir la finesse et les nuances délicates qu'il eût été forcé d'employer.

Il parvint cependant à étendre aux choses métaphysiques le procédé qui avait réussi à son prédécesseur pour les choses matérielles, et bientôt, grâces à sa persévérance, on le vit donner à l'intelligence de ses infortunés élèves le développement dont elle était susceptible. Il faut voir avec quel art, donnant à Massieu l'idée du temps et de ses divisions, à l'aide d'un pendule, il passe à la théorie de la terre, à l'astronomie, et comme il le mène insensiblement et par degrés des idées de l'immensité et de l'éternité à celle d'un être suprême qui régit tout ! Sa méthode est telle qu'il força son élève à lui demander quel était le moteur des merveilles qui lui étaient expliquées ! L'abbé Sicard convient que le jour où Massieu lui fit cette question, fut le plus beau de sa vie. En effet, Messieurs, inculquer dans l'esprit d'êtres qui semblaient repoussés par la nature, l'idée consolatrice d'une puissance suprême et bienfaisante, dut être pour cet homme vertueux le triomphe le plus flatteur. Il faut le dire aussi, Massieu, dont le nom, inséparable de l'académicien objet de vos regrets, sera transmis à la postérité, était doué d'un esprit surnaturel; ses définitions, écrites d'un style piquant, sont plus fortes, plus figurées et plus délicates que celles données par des êtres parlans. Je l'ai dit et je le répète, ce sont des faits qui constituent un véritable éloge. Je vais avoir l'honneur de vous faire passer sous les yeux quelques réponses de ses élèves qui vous feront de plus en plus en plus déplorer la perte de celui dont vous honorez la mémoire.

Sur l'invitation de M. Paulmier, je demandai à ces êtres intéressans ce qu'ils entendaient par providence et divinité.

La Providence, écrivit le jeune Berlier, est la sagesse de l'Être suprême par laquelle se règle et se conduit tout ce qui est sorti de ses mains puissantes; elle est l'œil de Dieu sur tout l'univers.

La Divinité se rapporte à Dieu, qui est l'être par excellence, l'être des êtres, la cause première, la cause des causes.

La même question fut faite à M. le fils du général Gazan.

La Divinité est l'essence de Dieu.

La Providence est le sage règne sur tout; elle est, si l'on ose le dire, l'œil de l'univers, écrivit-il sur le tableau.

Enfin le célèbre Massieu, donnant plus d'extension à son idée répondit :

La Divinité est la qualité de l'être qui ne manque de rien, à qui rien n'est impossible, qui voit tout et connaît tout, pour qui le passé et le futur ne font que le présent.

La Providence est la surveillance suprême que Dieu exerce au dedans et autour de toutes les créatures qui sans elle retomberaient dans le néant.

Quel prodige dans ces résultats ! Je pourrais multiplier mes citations, les faits ont parlé. Je m'arrête.

Mais ce qui doit le plus étonner, c'est la promptitude avec laquelle sont faites ces réponses; elles semblent couler de source. Jamais d'hésitation , et l'on voit sur la physionomie de ces infortunés qu'ils ne font aucun effort d'imagination, qu'ils n'attachent aucune valeur à ces éclairs d'esprit qui flatteraient des hommes ordinaires, et même qui souvent leur feraient le plus grand honneur, éclairs qui sont le résultat de leur organisation et des excellens principes qui leur sont donnés par leurs instituteurs.

Je le dis avec plaisir, Messieurs, l'abbé Sicard n'est point entièrement perdu pour l'humanité; il laisse de dignes successeurs , parmi lesquels vous comptez encore un collègue dans l'estimable M. Paulmier, qui depuis vingt ans professe à l'institut des sourds-muets ; qui profita des leçons de l'abbé Sicard , son maître et son ami.

Maintenant, Messieurs, considérez ce savant comme homme de lettres ou comme chef d'instruction , vous verrez que ses ouvrages sont le résultat de la finesse de ses remarques , et lui furent dictés par les besoins, suite des progrès de ses élèves. Ouvrez son cours d'instruction , et vous sentirez (même en faisant abstraction de tout mérite littéraire) l'importance de ce livre excellent.

Dans un éloquent discours , il peint d'abord le sourd-muet dans l'état de nature , le représente comme au-dessous du sauvage , pour lequel, du moins ; les sons confus qui frappent son oreille ont un sens et lui servent à faire connaître à son tour ses besoins , ses sensations ; il le classe même au-dessous des animaux qui jouissent de toutes leurs facultés, et qui sont par cela même des êtres parfaits dans leur nature. Cet affligeant tableau n'est malheureusement que trop vrai ! Mais plus il est sombre, plus il fait ressortir le mérite du philosophe dont vous déplorez le trépas. Rendre à la société et rendre à lui même un être que tout semblait repousser ! en faire non-seulement un homme moral , mais encore lui donner une éducation au-dessus de celle que reçoit le vulgaire ! n'est-ce pas un prodige dont vous a rendus témoins le successeur de l'abbé de l'Epée ? Ecoutons-le lui-même : *il est vrai*, dit-il , *qu'il résultera de l'éducation des sourds-muets qu'ils seront plus et mieux instruits que les jeunes gens de leur âge , mais il devront cet avantage à leur infirmité. En effet , les premiers apprennent par routine à se faire entendre ; c'est par analyse que l'apprennent les seconds. Les premiers prononcent long-temps des mots sans y attacher aucune idée, et en conservent souvent l'habitude pendant le reste de leur vie ; les seconds n'emploient un signe que parce qu'ils ont une idée à exprimer. Les premiers n'ont que des notions vagues, recueillies parmi ceux dont ils reçoivent les premières impressions, où l'erreur se mêle souvent avec la vérité ; les seconds ne pouvant recevoir aucune notion de ceux qui les entourent, ont une âme neuve, sans mélange d'idées hétérogènes.* Ce jugement, favorable à sa méthode, échappe à sa candeur et lui est arraché par la force de la vérité.

Vous le savez, Messieurs, ce ne sont point des phrases commandées par les convenances ou la flatterie qui constituent un véritable éloge, ce sont des faits. Eh ! qui pourrait ici les contester ? Ah ! si l'abbé Sicard avait un seul détracteur, l'Europe entière serait là pour le confondre !

Quel art dans son cours d'instruction ! Avec quel charme on suit cet instituteur dans les leçons qu'il donne à l'intéressant Massieu ! Comme il procède par analogie, passant du simple au composé ! Quelle profondeur de combinaison ! Quelle étude de l'esprit humain ! Plus on réfléchit et moins on conçoit qu'un seul homme ait pu créer et recueillir les fruits d'un système qui exige tant de connaissances analytiques et métaphysiques ; c'est cependant ce qu'il fit, et il en rejeta l'honneur sur son élève, dont il ne faisait, disait-il modestement, que suivre les progrès, et qu'il regardait comme son maître dans l'art des signes.... Sa modestie l'égarait !... L'intelligent Massieu eût toujours été séparé moralement des autres hommes, sans le génie créateur de l'abbé Sicard ! Il saisissait avec avidité toutes les occasions qui se présentaient d'améliorer leur sort.

Pendant les troubles qui déchirèrent la France, l'éducation de la jeunesse fut négligée ; l'autorité sentit l'immense avantage qu'elle pouvait retirer d'une instruction publique établie sur un mode uniforme ; des instituteurs furent mandés de toutes parts, et réunis en écoles normales dans lesquelles l'abbé Sicard obtint une chaire : ce

fut comme professeur de ces professeurs qu'il composa
ses élémens de grammaire dont vous êtes, Messieurs,
plus dignes que personne d'apprécier le mérite. C'était
beaucoup d'avoir étendu la sphère de l'intelligence des
sourds-muets, il voulut leur donner non-seulement la
clef de la langue française, mais encore de toutes les
autres C'était ce livre élémentaire qu'il leur mettait entre
les mains, lorsque des études primitives avaient mûri
leur jugement. Sans avoir la prétention d'analyser un
ouvrage pour lequel vous êtes la postérité, je vais avoir
l'honneur de vous en dire quelques mots.

Simple dans son début, clair dans ses définitions,
l'auteur atteignit le double but qu'il s'était proposé : il
grava sûrement et profondément dans la mémoire les
règles abstraites du langage ; il ne se traîna point ser-
vilement sur les traces des grammairiens vulgaires ; il ne
se borna point à une sèche nomenclature et à d'arides
préceptes : Qu'il définisse le nom ou qu'il démontre la
difficulté des participes, l'on reconnaît toujours ce goût
sur, cet esprit d'analyse, ce genie supérieur qui embras-
sait un objet sous toutes ses faces ; enfin l'on retrouve
partout le cachet de l'écrivain que vous regretez.

Sur quelques points de sa doctrine grammaticale, il
différa quelquefois de ses collègues, peut-être fut-il sujet à
l'erreur ?... il était homme ! mais on retrouvait toujours,
même, dans ses écarts, le talent qui le distinguait. Le
style didactique, naturellement stérile, offre sous sa plume
des charmes à l'élève ; et vous le savez, Messieurs, rendre
la lecture d'une grammaire attrayante, c'est atteindre le
sublime de l'art. Cette grammaire, placée à juste titre
parmi les premiers ouvrages de ce genre, eût seul
suffi pour assurer à son auteur un rang distingué parmi
les législateurs de notre langue, mais elle ne remplis-
sait qu'une faible partie de la tâche immense que ce
philosophe bienfaisant s'était imposée ; c'était peu pour
lui d'avoir, par sa persévérance et ses travaux, suppléé à la
double faculté de l'ouïe et de la parole, il ne se contenta
point de former des élèves, il voulut encore que les
moyens ingénieux qu'il avait employés ne descendissent
point avec lui dans la tombe, il les confia au public dans
son *cours d'instruction* et dans sa *théorie des signes.*

Ce sont ces livres, Messieurs, qui sont ses véritables titres à la reconnaissance de la postérité.

Ce n'est point sans admiration que vous avez suivi les progrès de ses élèves ; vous les avez vus, de l'état d'imperfection de nature passer à celui de perfection morale. Le besoin d'une langue commune à ces infortunés de toutes les nations se fit sentir ; ce fut alors que l'abbé Sicard composa sa *théorie des signes*. Ce livre fut jugé digne du prix décennal accordé au meilleur ouvrage sur l'éducation ; cette théorie est le complément nécessaire du cours d'instruction ; elle est le dictionnaire raisonné d'une langue *mimique* universelle qui, bien prononcée, peut être entendue de tous les peuples, de cette langue qui fut si long-temps l'objet des méditations de Leibnitz, et dont l'effet est tel dans son application qu'un jeune sourd-muet peignit devant le *Roscius* de nos jours, qui n'était point prévenu, le récit de Théramène avec tant de vérité ; que le tragédien le suivait vers par vers.

La pieuse sollicitude de cet homme respectable ne se borna point à orner l'esprit de ses élèves, il fit descendre la consolation dans leurs cœurs ; il fit briller à leurs yeux le flambeau sacré de la religion. Pour les instruire dans la connaissance de nos dogmes et de nos saints mystères, il rédigea son cathéchisme ou instruction chrétienne à leur usage ; mais, particularité remarquable ! c'est que ce philosophe, qui avait un grand abandon dans le caractère, ait trouvé dans l'adversité assez de forces pour composer plusieurs des ouvrages que je viens de citer. Oui, Messieurs, ce fut dans la retraite obscure qui le dérobait à la furie de ses persécuteurs, qui voulaient le traîner à l'échafaud, ou l'envoyer sur les plages mortelles de *Sinnamarie*, qu'il écrivit ces pages éloquentes, qui font voler son nom de l'un à l'autre hémisphère.

Il fit encore un manuel de l'enfance contenant des élémens de lecture et des dialogues instructifs et moraux, dans lesquels on reconnaît toujours l'ami des malheureux. Rien enfin de ce qui pouvait adoucir le sort des infortunés confiés à ses soins n'échappait à sa sage prévoyance.

Tels sont, Messieurs, les titres de l'abbé Sicard à l'ad-

miration de ses contemporains et à la reconnaissance
de nos derniers neveux, titres qui lui ouvrirent les
portes de l'académie française de la société grammaticale qui déplore aujourd'hui sa perte, de la société
royale académique des sciences.

Maintenant, Messieurs, que vous venez de voir cet
illustre confrère comme littérateur, je vais soulever un
autre pan du voile et vous le montrer comme homme :
cette partie du tableau ne sera pas sans intérêt : on
aime à revoir dans leur vie privée ceux que l'on regrette ;
on trouve un certain plaisir au récit de leurs moindres
actions : ces souvenirs ajoutent un charme à la mélan-
colie.

L'abbé Sicard (Roch-Ambroise) naquit à Fousseret,
près de Toulouse, le 20 septembre 1742 ; il fit de brillantes études dans cette capitale du Languedoc, fut
ensuite vicaire général de Comdon. Chanoine de Bor-
deaux, et membre de l'académie de cette ville, il y
fonda, sous les auspices de M. de Cissé, archevêque, un
établissement pour l'instruction des sourds-muets, dans
lequel il eut la satisfaction d'élever son cher Massieu.
Il vint à Paris en 1785, et s'y trouvait en 1789, lors de
la mort de l'abbé de l'Epée, dont il obtint la place au
concours qui fut ouvert en présence des commissaires de
l'académie française. Installé dans ses nouvelles fonctions
en avril 1790, il se dévoua tout entier à ses élèves, et
ne s'occupa que du soin d'améliorer leur sort et de per-
fectionner leur intelligence. Sans ambition, ses disciples,
ses livres et quelques amis de choix formaient sa société.
Tout semblait lui promettre une paisible existence : il
n'en fut point ainsi. L'horison politique s'obscurcissait,
des factieux attaquoient le pouvoir pour l'usurper : la
fatale journée du 10 août vit consommer le sacrifice ; le
trône fut renversé et la monarchie entraîna dans sa chûte
ceux qui ne partageaient pas les fureurs des démago-
gues : l'homme que vous regretez ne pouvait échapper
à la proscription. Bientôt il fut plongé dans les cachots
de l'abbaye ; les cannibales voulaient une hécatombe !
le jour était pris ! l'heure allait sonner ! quelques instans
encore et l'abbé de l'Epée n'avait plus de successeur !....

Un enfant ! le fils de *Monnot* horloger, auquel cet homme,
membre d'une autorité révolutionnaire, avait souvent
parlé de l'abbé Sicard avec admiration, apprend que ce
bienfaiteur de l'humanité est au nombre des victimes
désignées ; il prie son père ; cette demande est un trait
de lumière pour cet homme, qui n'était point entièrement démoralisé, il se revêt soudain de ses insignes,
vole à la prison et arrive assez à temps sur cette scène de
carnage pour arracher à la massue homicide celui que la
Providence semblait réserver pour de nouvelles épreuves.

Les échafauds furent enfin renversés, les hommes de
bien purent exprimer librement leur horreur pour l'anar-
chie ; l'abbé Sicard entra dans la lice et se distingua
parmi les écrivains de cette époque. Ce fut alors qu'il
coopéra à la rédaction des *annales catholiques*, journal
consacré à la défense des principes de la religion et à la
triste peinture des atrocités révolutionnaires. Le calme
dont jouissait la France ne fut que passager ! le génie du
mal n'était qu'assoupi ! il ne tarda pas à se réveiller aussi
féroce que jamais. Le 18-fructidor, on donna le signal
d'une nouvelle proscription, dans laquelle fut encore
compris votre respectable confrère, qui fut condamné
à traîner sur les rives mortelles de Cayenne les derniers
jours de sa précieuse existence ! Ni la douleur de ses
élèves, cruellement persécutés dans la personne de leur
instituteur, ni le cri de l'humanité ne le purent soustraire
à ce cruel ostracisme auquel il se déroba par la fuite ;
de véritables amis lui donnèrent un azyle sûr, et ce fut
dans cette retraite qu'il composa une grande partie de
ses ouvrage. Cette nouvelle terreur dura deux années.
Les mains qui s'étaient emparées du gouvernement
étaient trop faibles pour en tenir les rennes ; ce fut alors
qu'un homme qui, depuis, ébranla l'univers, s'empara du
timon de l'état. Son premier acte fut le rappel des exilés.
L'abbé Sicard reparut et s'adonna de nouveau à sa bienfaisante institution. A peine goûtait-il les charmes de
l'étude, qu'une vaste conspiration est signalée. Le malheur
le poursuivait !.... Son nom fut encore inscrit sur les
tables fatales ! Porter le trouble dans son pays ! Lui, dont
l'unique occupation était de faire des heureux ! Quelle
injustice ! Traduit devant une police ombrageuse, on ne

le vit point renier dans leur malheur ceux qu'il avait
chéri dans leur prospérité. Il fut encore poursuivi,
triompha, et pour la troisième fois repris le cours de ses
utiles travaux.

Au retour du roi, il fut créé chanoine honoraire de
de la métropole de Paris.

Les souverains, que les funestes événemens de 1814
et 1815, attirèrent dans la capitale, le visitèrent et ren-
dirent à ses talens un hommage solennel ; l'empereur
Alexandre lui offrit de grands avantages pour l'engager à
se fixer à St. Pétersbourg : notre sage rejeta ces offres
brillantes, et leur préféra une patrie dans la quelle il
avait été proscrit trois fois, et que malgré cette injustice
il ne pouvait se résoudre à quitter.

Des épreuves plus sensibles lui étaient réservées.
Jusqu'ici l'on n'avait attaqué que l'homme ; on trompa
sa confiance : de vils intrigans, sous le voile trompeur
de l'amitié, surprirent la bonne foi de celui dont la candeur était la moindre vertu ! l'on abusa de sa signature !
oui, Messieurs, votre collègue perdit en un seul instant
et par sa franchise le fruit de ses économies ! que dis-je
le fruit de ses économies ! sa ruine fut complète, et la
mort le surprit avant qu'il eût achevé de remplir des
engagemens bénévoles, mais sacrés pour son cœur généreux. Jugez combien sa délicatesse dut souffrir ! Qui le
soutint dans ces pénibles circonstances ? son amour pour
l'étude et sa philosophie. S'il fit le bonheur de ses élèves,
ses élèves à leur tour firent le sien ; il était avec eux au
sein de sa famille. C'était dans les exercices publics qu'il
fallait voir avec quelle bonté il les instruisait. Leurs yeux
étaient toujours fixés sur les siens... Paroissait-il satisfait
d'une solution, leurs visages devenaient radieux, leurs
regards semblaient chercher à prévenir ses pensées, à
lire dans son âme : jamais d'aigreur dans ses remon-
trances, et malgré ses nombreux chagrins, qui eussent
poussé tout autre à la misantropie, il conserva jusqu'à
son dernier moment une inaltérable douceur de caractère.

Les travaux, les soucis et l'âge affaiblirent ses facultés ;
il se retira insensiblement des sociétés littéraires aux-
quelles il avait toujours été assidu. Le mal fit de rapides

progrès; enfin, le 10 mai 1822, à soixante-dix-neuf ans sept mois et vingt jours, il expira comme il avait vécu, en véritable sage.

La religion le soutint dans ce moment fatal ; il eut en mourant la consolation de voir recueillir les fruits de sa méthode sur les bords de la Newa, de la Baltique, de la Tamise, du Guadalequivir, de la Seine, et de la rivière des Amazones.

Tels furent les derniers momens de ce respectable vieillard, dont on ne peut prononcer le nom sans y rattacher le souvenir d'une bonne action et d'une conscience irréprochable; de cet homme auquel, dans les temps que nous nommons barbares, ou eût élevé des autels, et qui dans ce siècle ingrat n'a sur sa sépulture qu'une simple croix d'un bois grossier, tandis que la flatterie et l'orgueil élèvent de toutes parts de magnifiques tombeaux à ceux qui souvent ne sont connus que par ce luxe déplacé.... En avait-il besoin ? L'impitoyable temps détruira ces monumens fastueux; mais tant que le feu sacré des lettres et la flambeau des arts brilleront sur la terre, le nom de l'abbé Sicard, de ce bienfaiteur de l'humanité sera sur toutes les lèvres et dans tous les cœurs, véritables temples dignes de son divin génie.

Homme vertueux dont la société grammaticale honorera toujours la mémoire, puisse ton exemple exciter les autres hommes à la vertu, ton âme céleste recueillera de tes nombreux travaux le seul fruit qu'ambitionnait ton cœur généreux, le bonheur d'être utile même après la mort.

SENTIMENS D'AMOUR FILIAL ET DE VIFS REGRETS EXPRIMÉS PAR LES SOURDS-MUETS DANS LEUR LANGAGE NAÏF, SUR LA TOMBE DE LEUR BON PÈRE, LE 11 MAI, JOUR ANNIVERSAIRE DE SA MORT.

BON MAÎTRE,

Du séjour des bienheureux où vous reposez en paix, nous voyez-vous arroser votre tombeau de nos larmes ? Voyez-vous l'expression de notre tendresse et de nos vifs regrets ? Nous avons besoin de le croire. Nous nous persuadons que votre chère ombre circule au milieu de nous, qu'elle lit au fond de nos cœurs ; nous le sentons et nous en sommes profondément émus. Poussière des tombeaux ! Dépouilles mortelles ! cendre vénérées ! Vous ne pouvez pas être insensibles à notre douleur. Votre chère image, Maître bien aimé, est restée dans notre mémoire comme les sentimens que vous nous avez inspirés sont gravés au fond de notre cœur. Il nous semble voir encore ce sourire de bonté applaudir aux efforts que nous faisions pour profiter de vos précieuses leçons. Mais , hélas ! ce n'est qu'une image vaine, une ombre fugitive. Votre personne tendrement aimée est disparue du milieu de nous pour jamais ! Si quelque chose peut nous consoler de votre perte, c'est de retrouver votre âme tout entière dans l'école dont vous êtes le second fondateur. Adieu , bon père , nous vous promettons de revenir tous les ans à pareil jour sur votre tombe pour recevoir d'autres leçons qui nous conduiront à vous au sein de l'éternelle lumière. Adieu, bon père, au revoir.

Votre petite colonie espère aller vous rejoindre. Adieu, bon père.

BERTHIER.

Au nom des sourds-muets de naissance.